Novena

SAN MARTÍN CABALLERO

Por Bernabé Pérez

CORAZÓN
RENOVADO

UN POCO DE HISTORIA

También conocido como San Martín de Tours, es uno de los santos más venerados en la tierra. Nació en el año 316 en la ciudad romana de Sabaria, provincia de Panonia, hoy Szombathely, Hungría. Falleció en el año 397 en la ciudad de Candes, hoy Francia, ciudad oficialmente llamada Candes-Saint-Martin en su honor. A los quince años entró a la Guardia Imperial Romana. Abrazó la fe cristiana a partir del 337 aunque no pudo dedicarse al apostolado hasta el 356, año en que le fue concedido el retiro del ejército romano. De vuelta a la vida civil, San Martín tomó el sacramento del bautismo. En 370 fue nombrado obispo de Tours. Su labor como religioso se caracterizó por convertir pueblos enteros y por separar adecuadamente la religión y la política.

MILAGRO

La jornada más célebre de San Martín tuvo lugar en 337, cuando entró a caballo a la ciudad de Amiens. Yacía a las puertas de la ciudad un anciano con la ropa hecha harapos, a quien el invierno y la enfermedad acechaban. San Martín, entonces un joven soldado romano, cortó con la espada su propia capa, que, según la ley, pertenecía mitad a él y mitad a los ejércitos de Roma, y dio al anciano su mitad de la capa, salvándole así la vida.

San Martín ayuda a quien pide trabajo, dinero y prosperidad. Es patrono de los tejedores, de los fabricantes de textiles y los comerciantes, así como de Francia y de Hungría, lo mismo que de innumerables ciudades entre las que se cuentan Buenos Aires, Goninga, Colonia Tovar,

3

Quillota y Texmelucan. Su fiesta se celebra el 11 de noviembre.

El anciano que recibió de San Martín la mitad de la capa la presentó públicamente años después, cuando San Martín había logrado ya notoriedad como obispo. Posteriormente a la muerte del santo, la capa fue cortada en pedazos y el mayor trozo se guardó en un lugar llamado Chapelle. A los otros lugares donde también había trozos de la capa la gente les llamó también Chapelle.

Fue precisamente esta costumbre de devoción a San Martín lo que popularizó las herraduras como un objeto para atraer la buena suerte.

4

ORACIÓN DIARIA

Santo querido, San Martín, aquí tienes tu morada, este sitio se protege con tu manto y con tu espada. A ti te es dado aumentar de nuestro trabajo el fruto, multiplicando los bienes con tu poder resoluto. Pedimos tu bendición en la empresa que guardamos, ganaremos y proveeremos como tú a los humanos.

5

HAGA SU PETICIÓN

Aquí estoy hincado a tus pies.

Con la luz de tus quinqués que no tienen comparación
alumbra a este humilde feligrés
que viene a hacerte esta petición.

Te ruego con todo mi corazón me concedas... (se hace la petición)

Esto es un asunto de interés te suplico tu atención me des. Concédeme lo que te pido en esta ocasión y con tu divina protección me ayudes, para que seas tú siempre mi salvación.

Padre Nuestro, que estás en el cielo, santificado sea tu nombre; venga a nosotros tu reino; hágase tu voluntad, en la tierra como en el cielo. Danos hoy nuestro pan de cada día;

perdona nuestras ofensas, como también nosotros perdonamos a los que nos ofenden; no nos dejes caer en la tentación, y líbranos del mal. Amén.

Dios te salve, María, llena eres de gracia, el Señor es contigo. Bendita tú eres entre todas las mujeres, y bendito es el fruto de tu vientre: Jesús. Santa María, Madre de Dios, ruega por nosotros, pecadores, ahora y en la hora de nuestra muerte. Amén.

Gloria al Padre, al Hijo y al Espíritu Santo. Como era en el principio, ahora y siempre, por los siglos de los siglos. Amén.

PRIMER DÍA

Permítenos hoy honrarte, santo querido, San Martín, y empezar esta novena con ofrendas para ti. A tu caballo daremos una buena herradura, para que te ayude a ir bien obrando por la altura. Tu manto se ha partido en millones de pedazos, nos protege, nos ayuda, nos inspira a imitarlo. Que esta casa sea tu casa, que sus muros tu capilla, nuestra causa tus afanes, tu ejemplo nuestra arcilla.

Padre Nuestro, que estás en el cielo, santificado sea tu nombre; venga a nosotros tu reino; hágase tu voluntad, en la tierra como en el cielo. Danos hoy nuestro pan de cada día; perdona nuestras ofensas, como también nosotros perdonamos a los que nos ofenden; no nos dejes caer en la tentación, y líbranos del mal. Amén.

Dios te salve, María, llena eres de gracia, el Señor es contigo. Bendita tú eres entre todas las mujeres, y bendito es el fruto de tu vientre: Jesús. Santa María, Madre de Dios, ruega por nosotros, pecadores, ahora y en la hora de nuestra muerte. Amén.

Gloria al Padre, al Hijo y al Espíritu Santo. Como era en el principio, ahora y siempre, por los siglos de los siglos. Amén.

SEGUNDO DÍA

De Tours el mayor obispo, el del generoso manto, caballero del cielo, es para ti este canto. Trabajo se llama el empeño que me ordena y emociona, del que dependen los panes que alimentan las bocas. Trabajo es el templo cabal donde habitan los afanes, se desarrolla el alma y la vida se hace arte. Bendice tú mi trabajo, bendice tú mi jornada, que nunca falte el esfuerzo, que siempre sobre la gana.

Padre Nuestro, que estás en el cielo, santificado sea tu nombre; venga a nosotros tu reino; hágase tu voluntad, en la tierra como en el cielo. Danos hoy nuestro pan de cada día; perdona nuestras ofensas, como también nosotros perdonamos a los que nos ofenden; no nos dejes caer en la tentación, y líbranos del mal. Amén.

Dios te salve, María, llena eres de gracia, el Señor es contigo. Bendita tú eres entre todas las mujeres, y bendito es el fruto de tu vientre: Jesús. Santa María, Madre de Dios, ruega por nosotros, pecadores, ahora y en la hora de nuestra muerte. Amén.

Gloria al Padre, al Hijo y al Espíritu Santo. Como era en el principio, ahora y siempre, por los siglos de los siglos. Amén.

TERCER DÍA

De Tours el mayor obispo, el de la mitad del manto, poderoso caballero, es para ti este canto. Nada pido que sea gratis, no pido que me regalen una montaña de oro, una casa con ajuares. Lo que pido es más sencillo, es más justo y apropiado, que los raudales me lleguen como fruto del trabajo. Que el empeño sea fuente de dinero y de boato, que lo que es bien merecido calza como buen zapato.

Padre Nuestro, que estás en el cielo, santificado sea tu nombre; venga a nosotros tu reino; hágase tu voluntad, en la tierra como en el cielo. Danos hoy nuestro pan de cada día; perdona nuestras ofensas, como también nosotros perdonamos a los que nos ofenden; no nos dejes caer en la tentación, y líbranos del mal. Amén.

Dios te salve, María, llena eres de gracia, el Señor es contigo. Bendita tú eres entre todas las mujeres, y bendito es el fruto de tu vientre: Jesús. Santa María, Madre de Dios, ruega por nosotros, pecadores, ahora y en la hora de nuestra muerte. Amén.

Gloria al Padre, al Hijo y al Espíritu Santo. Como era en el principio, ahora y siempre, por los siglos de los siglos. Amén.

CUARTO DÍA

De Tours el mayor obispo, tú que cediste tu manto, caballero del cielo, es para ti este canto. Un favor muy especial he de pedirte este día, que bendigas mi negocio con progreso y con valía. Que sea grande el beneficio, de provecho la semilla, de buen uso el resultado, de orgullo la fatiga. Que tu espada lo proteja y mantenga a buen resguardo los objetos que lo habitan y personas en encargo.

Padre Nuestro, que estás en el cielo, santificado sea tu nombre; venga a nosotros tu reino; hágase tu voluntad, en la tierra como en el cielo. Danos hoy nuestro pan de cada día; perdona nuestras ofensas, como también nosotros perdonamos a los que nos ofenden; no nos dejes caer en la tentación, y líbranos del mal. Amén.

Dios te salve, María, llena eres de gracia, el Señor es contigo. Bendita tú eres entre todas las mujeres, y bendito es el fruto de tu vientre: Jesús. Santa María, Madre de Dios, ruega por nosotros, pecadores, ahora y en la hora de nuestra muerte. Amén.

Gloria al Padre, al Hijo y al Espíritu Santo. Como era en el principio, ahora y siempre, por los siglos de los siglos. Amén.

QUINTO DÍA

De Tours el mayor obispo, el del generoso manto, caballero del cielo, es para ti este canto. El dinero es una cosa con dos lados de cortar, yo lo quiero a montones pero lo sabré usar. No es para mí el dinero motivo de ufanar, definir a mi persona o mirar bajo a los demás. Es una cosa más sabia, de casa seguridad, del futuro broche firme, de cercanos bienestar.

Padre Nuestro, que estás en el cielo, santificado sea tu nombre; venga a nosotros tu reino; hágase tu voluntad, en la tierra como en el cielo. Danos hoy nuestro pan de cada día; perdona nuestras ofensas, como también nosotros perdonamos a los que nos ofenden; no nos dejes caer en la tentación, y líbranos del mal. Amén.

Dios te salve, María, llena eres de gracia, el Señor es contigo. Bendita tú eres entre todas las mujeres, y bendito es el fruto de tu vientre: Jesús. Santa María, Madre de Dios, ruega por nosotros, pecadores, ahora y en la hora de nuestra muerte. Amén.

Gloria al Padre, al Hijo y al Espíritu Santo. Como era en el principio, ahora y siempre, por los siglos de los siglos. Amén.

SEXTO DÍA

De Tours el mayor obispo, tú que cediste el manto, caballero del cielo, es para ti este canto. Déjame mirar al cielo y con orgullo mostrar que lo próspero resulta de mi aliento y de mi afán. Prosperidad el provecho de lo sabio de mis manos, de ideas de mi mente, de mi esfuerzo y mi trabajo. Prosperidad es la calma, con sus días más tranquilos, para disfrutar la vida conmigo y con los míos.

Padre Nuestro, que estás en el cielo, santificado sea tu nombre; venga a nosotros tu reino; hágase tu voluntad, en la tierra como en el cielo. Danos hoy nuestro pan de cada día; perdona nuestras ofensas, como también nosotros perdonamos a los que nos ofenden; no nos dejes caer en la tentación, y líbranos del mal. Amén.

Dios te salve, María, llena eres de gracia, el Señor es contigo. Bendita tú eres entre todas las mujeres, y bendito es el fruto de tu vientre: Jesús. Santa María, Madre de Dios, ruega por nosotros, pecadores, ahora y en la hora de nuestra muerte. Amén.

Gloria al Padre, al Hijo y al Espíritu Santo. Como era en el principio, ahora y siempre, por los siglos de los siglos. Amén.

19

SÉPTIMO DÍA

De Tours el mayor obispo, el del generoso manto, poderoso caballero, es para ti este canto. Es la riqueza una cosa que a todos gusta alabar, pero igual al hombre enferma que lo ayuda a destacar. Destacar por la nobleza de la mano que ayuda, de quien sabe dar a otros con amor y con ternura. Prosperidad para hacer solidario y común lazo, que sustente a la gente y que funda en un abrazo.

Padre Nuestro, que estás en el cielo, santificado sea tu nombre; venga a nosotros tu reino; hágase tu voluntad, en la tierra como en el cielo. Danos hoy nuestro pan de cada día; perdona nuestras ofensas, como también nosotros perdonamos a los que nos ofenden; no nos dejes caer en la tentación, y líbranos del mal. Amén.

Dios te salve, María, llena eres de gracia, el Señor es contigo. Bendita tú eres entre todas las mujeres, y bendito es el fruto de tu vientre: Jesús. Santa María, Madre de Dios, ruega por nosotros, pecadores, ahora y en la hora de nuestra muerte. Amén.

Gloria al Padre, al Hijo y al Espíritu Santo. Como era en el principio, ahora y siempre, por los siglos de los siglos. Amén.

OCTAVO DÍA

De Tours el mayor obispo, el de la mitad del manto, caballero de las nubes, es para ti este canto. Con la riqueza que llega haré refugio y guardado, haré cobija y bastón, como tú, seré soldado. Seré soldado que ayude al que está desamparado y al que camina de frente por el futuro inspirado. Conservar lo bien habido y hacer el bien por doquier, como tú hiciste en vida, San Martín, siempre en Amiens.

Padre Nuestro, que estás en el cielo, santificado sea tu nombre; venga a nosotros tu reino; hágase tu voluntad, en la tierra como en el cielo. Danos hoy nuestro pan de cada día; perdona nuestras ofensas, como también nosotros perdonamos a los que nos ofenden; no nos dejes caer en la tentación, y líbranos del mal. Amén.

Dios te salve, María, llena eres de gracia, el Señor es contigo. Bendita tú eres entre todas las mujeres, y bendito es el fruto de tu vientre: Jesús. Santa María, Madre de Dios, ruega por nosotros, pecadores, ahora y en la hora de nuestra muerte. Amén.

Gloria al Padre, al Hijo y al Espíritu Santo. Como era en el principio, ahora y siempre, por los siglos de los siglos. Amén.

NOVENO DÍA

Trota en el cielo un caballo de galana montadura, que obrando bien se inspira y progreso nos procura. Eres tú, santo querido, San Martín, el caballero, de bonanza dictador, de bienestares lucero. Anda y llega al infinito, siempre valiente y eterno, laborioso e incansable, visionario y paterno. Honra y vida para el santo cuyo manto nos protege, que alumbre al mundo su estrella, que cabalgue el cielo siempre.

Padre Nuestro, que estás en el cielo, santificado sea tu nombre; venga a nosotros tu reino; hágase tu voluntad, en la tierra como en el cielo. Danos hoy nuestro pan de cada día; perdona nuestras ofensas, como también nosotros perdonamos a los que nos ofenden; no nos dejes caer en la tentación, y líbranos del mal. Amén.

Dios te salve, María, llena eres de gracia, el Señor es contigo. Bendita tú eres entre todas las mujeres, y bendito es el fruto de tu vientre: Jesús. Santa María, Madre de Dios, ruega por nosotros, pecadores, ahora y en la hora de nuestra muerte. Amén.

Gloria al Padre, al Hijo y al Espíritu Santo. Como era en el principio, ahora y siempre, por los siglos de los siglos. Amén.

ORACIÓN FINAL

Te entrego esta novena con todo el corazón. Y a tus pies me postro con gran devoción. San Martín Caballero yo te ruego me des tu bendición, para que en mi bolsillo nunca falte el dinero. Permite que sea suficiente para ofrecer un taco al compañero. Y que siempre esté lleno el puchero. Divino Señor ayúdame para que yo y mi familia podamos dormir sin preocupación. Valiente Caballero gran guerrero de bondad, a luchar por tus hermanos tienes disposición. Cúbreme con tu manto de protección.

Padre Nuestro, que estás en el cielo, santificado sea tu nombre; venga a nosotros tu reino; hágase tu voluntad, en la tierra como en el cielo. Danos hoy nuestro pan de cada día; perdona nuestras ofensas, como también nosotros perdonamos a los que nos ofenden; no nos dejes caer en la tentación, y líbranos del mal. Amén.

Dios te salve, María, llena eres de gracia, el Señor es contigo. Bendita tú eres entre todas las mujeres, y bendito es el fruto de tu vientre: Jesús. Santa María, Madre de Dios, ruega por nosotros, pecadores, ahora y en la hora de nuestra muerte. Amén.

Gloria al Padre, al Hijo y al Espíritu Santo. Como era en el principio, ahora y siempre, por los siglos de los siglos. Amén.

Papá Dios: que tu sabiduría nos guíe; que tu luz ilumine nuestro camino; que tu amor nos de paz; que tu poder nos proteja, y que por donde quiera que caminemos, tu presencia nos acompañe. Gracias Papá Dios que ya nos oíste. Amén.

www.ingramcontent.com/pod-product-compliance
Lightning Source LLC
Chambersburg PA
CBHW070635150426
42811CB00050B/314